Bibliografische Information der Deutschen Nationalbibliothek:

Die Deutsche Bibliothek verzeichnet diese Publikation in der Deutschen National-
bibliografie; detaillierte bibliografische Daten sind im Internet über http://dnb.d-
nb.de/ abrufbar.

Impressum:

Copyright © 2016 GRIN Verlag, Open Publishing GmbH
Druck und Bindung: Books on Demand GmbH, Norderstedt Germany
ISBN: 978-3-668-16728-5

Dieses Buch bei GRIN:

http://www.grin.com/de/e-book/317599/die-bismarck-aera-eine-ausfuehrliche-
zusammenstellung-der-wichtigsten

Mike G.

Die Bismarck-Ära. Eine ausführliche Zusammenstellung der wichtigsten Ereignisse der Jahre 1862 - 1890 in Stichpunkten und Fließtext

GRIN Verlag

GRIN - Your knowledge has value

Der GRIN Verlag publiziert seit 1998 wissenschaftliche Arbeiten von Studenten, Hochschullehrern und anderen Akademikern als eBook und gedrucktes Buch. Die Verlagswebsite www.grin.com ist die ideale Plattform zur Veröffentlichung von Hausarbeiten, Abschlussarbeiten, wissenschaftlichen Aufsätzen, Dissertationen und Fachbüchern.

Besuchen Sie uns im Internet:

http://www.grin.com/

http://www.facebook.com/grincom

http://www.twitter.com/grin_com

Die Bismarck Ära

Vorwort

Diese Arbeit beinhaltet ausführliche Informationen über die Zeit der sogenannten „Bismarck – Ära" von 1871 – 1890 (eigentlich sogar ab 1862). Vom Aufstieg Bismarcks über die Reichsgründung bis zum Dreikaiserjahr und der Kündigung Bismarcks sind alle (prüfungs-)relevanten Informationen in diesem Werk übersichtlich und chronologisch geordnet enthalten. Anfänglich folgt eine stichwortartige und äußerst detailreiche Schilderung der Ereignisse, worauf sich ein selbst-verfasster Informationstext anschließt, welcher alle wichtigen Informationen nach Themenschwerpunkten (und nicht länger chronologisch) ordnet. In der stichwortartigen Auflistung enthalten sind Zusammenfassungen zeitgenössischer Texte, welche den beiden Schulbuch-Bänden „Zeiten und Menschen" des Schöningh Verlages im Westermann (ISBN Band 1: 978-3140249706; Band 2: 978-3140249713) entnommen wurden und gelb eingefärbt sind. Diese Arbeit wurde ursprünglich als Prüfungsvorbereitung für Klausuren des Geschichte Leistungskurses eines Gymnasiums konzipiert, kann aber darüber hinaus auch für (schriftliche oder mündliche) Abiturprüfungen sowie Semesterarbeiten dienen.

Stichwortartige Schilderung der Ereignisse.

- Einzelne Bundesstaaten versuchen erfolglos deutschen Bund zu stärken.
→ Ungeklärte Probleme (zentralistische / demokratische Verwaltung).
- Preußen und Österreich wollen Führungsrolle im deutschem Bund, Einigung mit beiden ist unmöglich.
- **1862** Otto von Bismarck bestimmt als **Ministerpräsident** preußische Politik.
- Konservativer und treuer Diener des Königs.
- Für deutschen Nationalstaat ohne Österreich um Macht Preußens als Kopf des Reiches zu stärken.
  - Deshalb wollen Liberale Bismarck auf ihre Seite ziehen.
- War **Realpolitiker**, Politik sei Kampf um Macht, alle Mittel sind recht.
  - Große Fragen der Zeit werden durch Eisen und Blut entschieden.
  - Darum Bereitschaft Feinde zu bekämpfen und im Innern mit Opposition zu streiten.
  - Hält nichts von Demokratie, weshalb unterdrückt.
  - Tritt stark auf und überzeugt Deutschen, sodass kaum Mitbestimmung gefordert.
- **Bismarcks Heeresreform.**
  - Preußisches Heer sollte durch Adel verstärkt werden, zu Lasten der bürgerlich-kommandierten Landwehr.
    - Königsheer dürfe aber nicht zum Parlamentsheer werden.
  - Parlament sah verfassungsmäßige Mitbestimmungsrechte angetastet.
- Bismarck setzt **Heeresreform** durch und regiert 4 Jahre lang ohne Berücksichtigung des Parlaments.
- Setzte Willen des Königs durch, Liberale fürchteten Eskalation, deshalb keinen Aufstand.
- Siegte auch, da er liberal-nationales Gedankengut in Tat umsetzte und Forderungen der Liberalen erfüllte.
- **1864 Dänemark annektiert Schleswig wegen Erbstreitigkeiten.**
  - Krieg gegen Dänemark um Staaten Schleswig und Holstein, Dänemark verzichtet, Preußen besetzt Schleswig, Österreich verwaltet Holstein.
- **1866** Krieg zwischen Preußen und Norddeutschen Staaten gegen Österreich und süddeutsche Verbündeten.
  - Bismarck setzte sich für milden Frieden ein, da Nationalstaatsgründung Priorität hat, in Österreich künftigen Bundesgenossen gesehen.
  - Österreich erlaubt Auflösung des deutschen Bundes, überlässt Preußen territoriale Neuordnung Deutschlands.
- Bismarck gründet **Norddeutschen Bund,** Bündnisse und Zollunion mit süddeutschen Staaten.
- Teil der Liberalen schließt Frieden mit Bismarck, wegen **Heeresreform**, da Reichsgründung kurz bevorsteht.
- **1867** Bismarck lässt sein Handeln der Heeresreform vom Parlament legitimieren, Teil der Liberalen schließt wegen Nationalstaatsgründung Frieden mit Bismarck.
- Napoleon III. wollte zum Ausgleich für deutsche Staatsgründung neue Gebiete.
- Spanier bieten Ludwig, einem Hohenzoller, den Thron an.

- Bismarck drängt ihn dazu, um Frankreich zu brüskieren.
- **18. Juli 1870** Frankreich ist verletzt und erklärt Preußen Krieg.
- Freiwillig schließen sich Süddeutschen mit Norddeutschen gegen Frankreich zusammen.
- **2. September 1870** Französischer König begibt sich freiwillig in deutsche Gefangenschaft.
- Frankreich gibt auf, Elsass Lothringen als **Reichsland** annektiert.
- 5 Milliarden Goldfranc als Reparationszahlungen an Deutschland gezahlt.
  - Führt zu sprunghaftem Aufbau, Wachstum und Differenzierung der Produktpalette.
- Besondere Regelungen für Bahn, Post und Militär veranlassen viele süddeutsche Staaten sich dem Norddeutschem Bund anzuschließen, einige wurden auch mit Geld überzeugt.

- **2. Oktober 1870 Preußische Zeitung über die Verfassung (DR1/M12).**
- Nationalstaatsgründung steht bevor, Deutschland muss von erfolgreichen preußischen König regiert werden.
- Offene Fragen wie z.B. Einigung, Staatsorgane und ausländische Kompetenz bleiben unbeantwortet.
- Deutsche Stämme und Parteien sind sich einig über Problemlösungen.
  - Abgrenzung zu den Radikalen von der 1848 Revolution.
- **18. Dezember 1870 Rede Wilhelms I. zur Kaiserkrone (DR1/M11).**
- Ihm wurde Krone angeboten, hat sich nicht darum beworben, akzeptiert Willen des Volkes.

=> Kein Widerspruch zu Gottesgnadentum.

(aus: *Zeit und Menschen*, Schöningh Verlag)

- **Ende 1870er** Moderner **Antisemitismus**, traditionelle Vorurteile aufgegriffen und weitergeführt.
- Durch gesellschaftliche Sonderstellung profitierten Juden von Industrialisierung, ökonomisch, intellektuell und politisch mit Modernisierung identifiziert.
  - Galten als Vertreter des modernen Kapitalismus, der Marktkonkurrenz und als Zerstörer des alten Mittelstandes sowie der traditionellen Weltordnung.
- Wenn jüdische Journalisten liberales Gedankengut verbreiteten, wurden sie von Gesellschaft geächtet.
- Handwerkerbewegung kämpfte nicht mehr nur gegen **'rote Internationale'** (Sozialdemokraten) sondern auch gegen **'goldene Internationale'** (Juden), wegen Konkurrenz jüdischer Warenhäuser.
- Geburt in jüdischer Familie machte Juden, Konvertierung schützt nicht vor Verfolgung.

=> Antisemitismus war nur verdeckt, im Ersten Weltkrieg beginnt Judenhass stärker und offener zu werden.

- **1871 Deutsche Reichsgründung.**
- **18. Januar 1871** Fürsten treffen sich in Versailles und rufen Wilhelm I. zum deutschen Kaiser aus.
  - Zwar äußere Einheit, im Innern jedoch hohes Verbesserungspotenzial.

Nicht vergessen!
Die drei Einigungskriege.
1864 preuß. - dän. Krieg.
1866 preuß. - öst. Krieg.
1870 preuß. - franz. Krieg.

- **16. Juni 1871 Berliner Oberbürgermeister beim Empfang Wilhelms I. (DR1/M13).**
- Rühmt Kriegsruhm Preußens, Verluste entfachen Nationalgefühl neu.
- Gottgewolltes deutsches Reich soll Frieden und Wohlfahrt für alle bringen.

(aus: *Zeit und Menschen*, Schöningh Verlag)

- **Reichsverfassung**

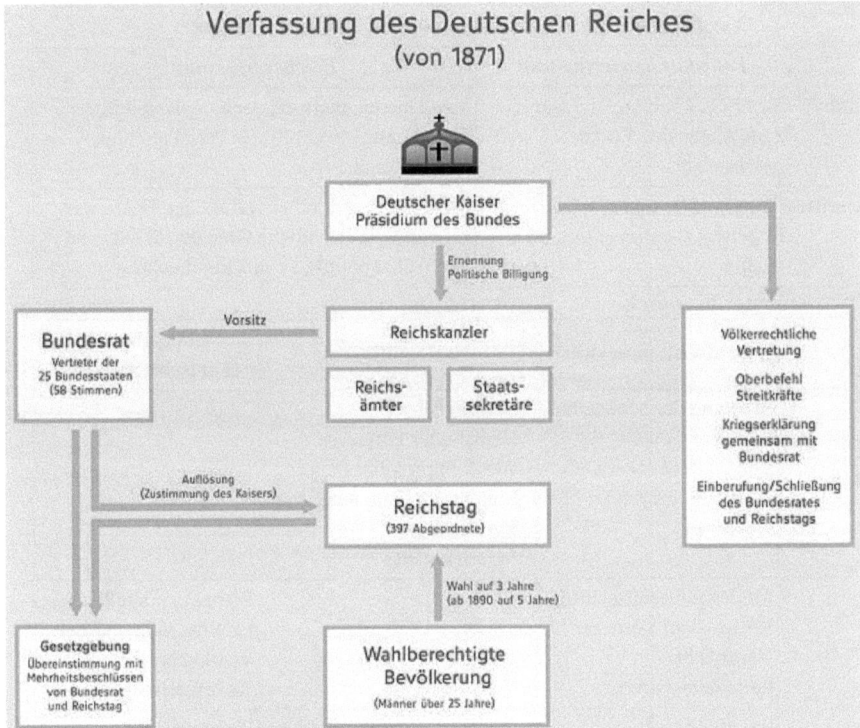

(aus: *Zeit und Menschen*, Schöningh Verlag)

- Nach dem Muster der Verfassung des Norddeutschen Bundes 1867
- Verfassung kürzer als Paulskirchenverfassung, beschränkt sich auf das Mindeste, Souveränität der Einzelstaaten erhalten.
- Keinen Grundrechtekatalog, preußischer König trägt erbliche Kaiserkrone.
- **Timokratie, Dreiklassenwahlrecht,** Stimme von reicheren Bürgern wird mehr gewichtet (1 Stimme eines reichen Bürgers wiegt mehr als 100 Stimmen von Armen).
- Preußen, der konservativste Staat im deutschen Reich, kann allein Politik durch Vetorecht blockieren.
- Verfassung wurde von deutschen Eliten nur zugestimmt, in Hoffnung später parlamentarische Freiheiten hinzuzufügen.

-

	Mittelweg zwischen	
Einheit und Freiheit	**Eigenständigkeit**	**Machtverhältnisse**
Forderung der Bürger	Forderung der deutschen Fürsten	Forderung Preußens

Vergleich Paulskirchenverfassung und Reichsverfassung		
	Paulskirchenverfassung	*Reichsverfassung*
Präambel	Sachlich, konkret, Von Bürger zum Wohle des Volkes geschrieben.	Von Oberhäuptern erlassen, Volk soll Staat nicht kontrollieren, Pflege der Wohlfahrt, ewiger Bund.
Abschnitte	Grundrechte, Innenpolitik, Regelung staatlicher Organe, dürftig.	Mehr als Paulskirchenverfassung, Fokus auf Infrastruktur, staatliche Grenzen, Wohlstand und Außenpolitik, keine Grundrechte.

- **Parteien unter Bismarck.**

	Deutschkonservative	**Nationalliberale**	**Linksliberale (Fortschrittspartei)**
Dafür	Stärkung der Monarchie	Nation, Bismarck, Gemäßigter Fortschritt, aber kompromissbereit, Einheit, Freiheit, Modernen Verfassungs-, Industriestaat	
Dagegen	Moderne Gesellschaft, Rechtsstaat, Vernunft, Naturrecht, Parlamentarismus		Bismarck, preußischer Einfluss, allgemeines Wahlrecht, Katholizismus
Interessens- gruppe	Preußische Landbevölkerung, alter Mittelstand.	Besitz-, Bildungsbürgertum	Protestanten, bürgerliche Unterschichten

	Zentrumspartei	**Sozialdemokraten**
Dafür	Stärkung des Parlaments, Mittelstands-, Agrarpolitik	Verbesserung der Lage der Arbeiter
Dagegen		Industriekapitalismus
Interessens gruppe	Katholische Kirche	Arbeiter

- Volk wollte den Kampf gegen rückwärtige Kirche für eigene Kultur.
- Bismarck weigert sich geistliche Beamte zu entlassen, Konflikt entwickelt sich zum grundlegenden **Streit um Macht im Staat**

=> Kulturkampf.

- Autonomie des Staates durch laizistischen Ansatz verstärkt (Zivilehe, Staatliche Priesterausbildung, Auflösung des Jesuitenordens und Klöster).
- Zentrumspartei prangert **Kulturkampf** als Kampf Protestanten gegen katholische Kirche an.
- Zentrumsmitglieder wurden als **Reichsfeinde** beschimpft (Ultramontanes).

=> Unterdrückung der Zentrumspartei führt zur Stärkung ihres schichtenübergreifenden Programms.

> **Nicht vergessen!**
> **Machtverlust der kath.**
> **Kirche.**
> Rom von Italien besetzt worden, Machtbereich des Papstes auf Vatikan beschränkt geblieben.
> **1870 Unfehlbarkeitsdogma** soll seine Macht stärken, jedoch viele Katholiken dagegen. Papst bittet Bismarck die Geistlichen

- **10. März 1873 Rede Bismarcks vor preußischem Herrenhaus (485/M4).**
  - Zentrumspartei nicht kirchlich sondern politisch, Kulturkampf ist ewiger Kampf um Macht im Staat.
  - Verteidigung des Staates, Schutz des Machtgleichgewichtes gefordert, darum Laizismus.
    - *Im Reiche dieser Welt hat er (der Staat) das Regiment und den Vortritt.*

(aus: *Zeit und Menschen*, Schöningh Verlag)

Erlässe im Kulturkampf von Bismarck.
- **10. Dezember 1871 Kanzelparagraph** - Kein Einmischen der Geistlichen in staatliche Angelegenheiten.
- **11. März 1872 Schulaufsichtsgesetz** - Schulen werden unter staatliche Aufsicht gestellt.
- **4. Juli 1872 Jesuitengesetz** - Verbot des Jesuitenordens.
- **11. Mai 1873 Kulturexamen** - Voraussetzung für Übernahme eines geistlichen Amtes.
- **9. Februar 1875 Zivilehegesetz** - Eheschließung und Beurkundung (Geburt und Todesfall) durch Staat.
- **Expatriierungsgesetz** erlaubt Ausweisung unbotmäßiger (nicht so Verhalten wie gefordert) Geistlicher.
- **1875 Brotkorbgesetz** - Sperrung staatlicher Gelder für Kirche.

- **24. April 1873 Rede Bismarcks vor dem preußischem Herrenhaus (484/M2).**
  - Zusammenhalt der Deutschen gegen nationale Bedrohungen.
  - Sozialdemokraten und Zentrum gehen wissentlich / unwissentlich gegen Staat vor.
  - Bismarck zeichnet staatsgefährdende Bedrohungssituation.
  - Wir Gruppe wird beschworen um gegen Feind / Bedrohung im Innern vorzugehen.

=> Integraler Nationalismus.
(aus: *Zeit und Menschen*, Schöningh Verlag)

- **Ziele der Bismarck'schen Außenpolitik.**
  - 1. Repräsentation des Status quo, Deutschland ist saturiert.
    - Auf internationalen Konferenzen war Deutschland **neutraler Mittler**.
      - Kein Imperialismus, da wirtschaftlicher Nutzen fragwürdig, destabilisierende Folgen zu

riskant.

- 2. Antideutsche Bündnisse verhindern und Frankreich isolieren.
  - Defensivbündnisse wurden geschlossen, England aber nicht interessiert.

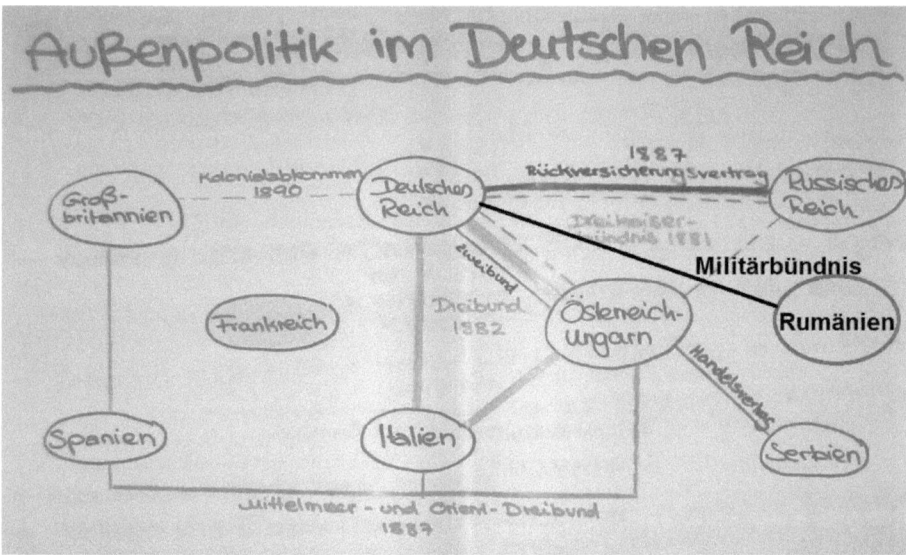

- 3. Absicherung Deutschlands im Kriegsfall.

- **1873 - 1887** D – Ö+U – R: **Dreikaiserbündnis** (Kein Beistand im Krieg, nur Beratung).
- **1879** DE – Ö+U: **Zweibund** (Hauptbündnis, geheim).
- Militärische Absicherung gegen russische und französische Angriffe.
  - Später: Beitritt Rumäniens, wegen scheinbarer Bedrohung von Russland und Verbündeten Bulgarien.
- **1882** D – Ö+U – I: **Dreibund** (Italiens Interesse an Tunesien wurde durch Frankreich verletzt).
- **1887 Mittelmeerentente** zwischen Österreich, Italien und England.
=> **England** ist **indirekt** durch Mittelmeerentente und den Zweibund **mit Deutschland verbündet**.
- Annäherung Englands an europäischen Großmächte wegen Unsicherheit im östlichem Mittelmeer.
- **1887 – 1890** D – R: **Rückversicherungsvertrag** (geheimes Abkommen)
→ Unterstützung auf Balkan, Ermutigung zu offensiverem Verhalten auf Balkan (Österreich hintergangen, das ebenfalls ein Interesse auf dem Balkan vertrat).

- **1875 Krieg-in-Sicht-Krise.**
- Neu gegründetes Deutschland überragt Nachbarländer wirtschaftlich und militärisch, darum weitere Stärkung Deutschlands zu verhindern.
- In Deutschland wird Möglichkeit eines **Präventionskrieges** gegen aufschwingendes

Frankreich diskutiert.
- Russland und England intervenieren zu Gunsten Frankreichs und zeigen Deutschland Grenzen auf.
- Frankreich sucht Revanche wegen Niederlage **1870/71** und wegen Annexion von Elsass.

=> Deutschland kann sich nicht mit Frankreich versöhnen, darum versucht Bismarck es außenpolitisch zu isolieren.

- Deutschland kann sich Russland nicht annähern, da dessen Interesse am Balkan mit Interessen von Österreich im Konflikt stehen, England will Mittelmeerinteressen gegen russischen Ambitionen verteidigen.
- **1875 – 1878 Orientkrise.**
- Aufstände in Bulgarien, Bosnien und Herzegowina gegen türkische Besatzung.
- Nach Erfolgen der Türkei treten Serbien und Montenegro bei.
- **September 1876 Türkei siegt unerwartet.**
- Russland als **Schutzmacht** orthodoxer Christen ist direkt gefordert.
- **15. Januar 1877 Konvention von Budapest.**
- Absprache zwischen Österreich und Russland.
- Russland darf Teile von Bulgarien beanspruchen.
- Deutschland verspricht Neutralität.

=> Russland erklärt Türkei Krieg und dringt bis nach Konstantinopel vor.

- **1877 Wahlaufruf der Kölner Zentrumspartei (485/M5).**
- Liberale wollen den Krieg im Inneren, darum Kulturkampf gestartet.
- Kölner Erzbischof und viele Priester ins Exil geflohen, darum keine Gottesdienste mehr möglich.
- Aufruf zur Wahl um die Macht und den Einfluss der katholischen Kirche zu stärken.

(aus: *Zeit und Menschen*, Schöningh Verlag)

- **1878 Zentrum wird stärkste Fraktion im Reichstag.**
- Bismarck muss einlenken und hebt **Kulturkampfgesetze** auf, Jesuitenorden bleibt jedoch bis **1917** verboten.

=> **Kulturkampf** endete mit Kompromiss: Bismarck bekam päpstlichen Orden und Zentrumspartei wurde Partner Bismarcks gegen Liberale.

- **3. März 1878 Frieden von San Stefano.**
- Türkei akzeptiert Niederlage, Russland lässt sich verleiten großen bulgarischen Staat (Makedonien + Ostrumelien) zu bilden, was England und Österreich verstört.
- **19. Oktober 1878** *„Gesetz gegen die gemeingefährlichen Bestrebungen der Sozialdemokratie"* (= **Sozialistengesetz**) verabschiedet um Sozialdemokraten zu unterdrücken.

- **Sozialistengesetz (434/M5).**

§1	Freie Meinungsäußerung und freie Vereinsbildung eingeschränkt.
§7	Beschlagnahme von Vereinskassen und anderen nützlichen Gegenständen.
§9	Versammlungsfreiheit eingeschränkt.
§10	Aufsichtsbehörde nimmt Informationen auf, Polizei löst solche Versammlungen auf.
§11	Zensur aller Presseschriften.
§17	Mitgliedschaft in sozialistischen Vereinen, Helfer solcher, wichtige Funktionäre und Amtsträger werden bestraft.
§22	Bewegungsfreiheit eingeschränkt, Landespolizei bestraft bei Zuwiderhandlung.
§28	Auffällige Ortschaften oder Bezirke, die öffentliche Sicherheit mit Umsturzidee gefährden, können von Zentralbehörde mit folgenden Anordnungen für max. 1 Jahr isolieren: • Strikte Einschränkung der Versammlungsfreiheit. • Pressezensur und Austeilung der Medien nur an staatlich genehmigten Orten. • Auffällige Personen werden des Ortes verwiesen. • Besitz, Tragen und Einfuhr von Waffen verboten.

=> Stärkt Gemeinschaft der Arbeiter.
- Treffen finden in Tarnvereinen / Arbeitermilieu trotzdem statt.
- Soziale Frage immer noch nicht gelöst, daher SPD gewählt, wegen Aussicht auf bessere Zeiten.

(aus: *Zeit und Menschen*, Schöningh Verlag)

=> Trotz des Verbotes, stiegen Wählerstimmen der SPD.
- Bebel und Liebknecht halten **Sozialistenverein** zusammen, man trifft sich in Arbeiterkneipen, Sportvereinen etc.
- **Juni/Juli 1878 Berliner Kongress.**
- Rechtfertigung Russlands vor England und Österreich, Bismarck fungiert als Mittler und verhindert militärischen Konflikt.
  - Bismarck möchte durch ausgleichende Regelungen „*orientalisches Geschwür*" offen halten, Großmächte dort binden, Rivalitäten untereinander schüren und Deutschland entlasten.
- Russland erhält nordöstlichen Zipfel der Türkei am schwarzen Meer.
- Bosnien, Herzegowina und Sandschak stehen unter österreichisches Verwaltung.
→ Unter hohen Verlusten vollzogen, eine Ursache für Ersten Weltkrieg.
- England bekommt Zypern.
→ Russland fühlt sich von ihm benachteiligt.
=> Berliner Kongress stellt Frieden nur kurzfristig her.
  - Berechtigte nationale Interessen der Balkanländer werden vernachlässigt.
  - Am Rand des Kongresses sprachen sich England und Frankreich über ihre Interessen im Mittelmeerraum ab.

- **1885 Bulgarische Krise.**
  - Bulgarische Annexion von Ostrumelien löst bulgarisch-serbischen Krieg aus.
  - Österreich interveniert zugunsten Serbiens ohne Rücksprache mit Russland.
  - **=> Bruch mit Dreikaiservertrag von 1881.**
  - Verschlechternde österreichische – russische Beziehung bedeutet auch Gefahr für Deutschland.
  - Anzeichen einer russisch – französischen Annäherung häufen sich.

Nicht vergessen!
Nach Reichsgründung verstärkt sich **Reichsnationalismus** zunehmend, wird **Integrationsmittel** (Nationalismus <u>muss</u> sich gesellschaftlich manifestieren). Hat alle Kräfte (oppositionelle und liberale gleichermaßen wie Fürsten und Konservative) vereint. Militär prägte im hohen Maße das öffentliche Leben, Nationalismus wurde konservativ, aggressiv, militaristisch und auch antisemitisch. Brutales Vorgehen gegen Bedrohungen, außen = Feinde, Innen = Opposition (SPD, Zentrum, Juden).

- **1888 Dreikaiserjahr.**
  - Kaiser Wilhelm I. stirbt, Nachfolger wird Friedrich III., nach 3 Monaten (**15. Juni**) stirbt dieser, Nachfolger wird Wilhelm II. (29 Jahre).
  - Strebt persönliche Regierung an, zum Ärgernis Bismarcks, ist sprunghaft, leicht beeinflussbar, ehrgeizig, eitel und erfüllt von Weltmachtsträumen.
  - Grenzte Aufgabenbereich des Kanzlers ein, hatte ehrgeizige, außenpolitische Vorstellungen, welche Bismarck missgefielen.
  - Bismarck verlangt bei direkten Vorträgen an König informiert zu werden, Wilhelm II. sieht Beschränkung seiner Macht.
  - **20. März 1890 Bismarck reicht Kündigung wegen politischer Differenzen ein.**
  → Zurückhaltende, auf Ausgleich bedachte Außenpolitik wendet sich zur imperialistischen Weltmachtpolitik.
  - **1890 – 1918** wird als „**wilhelminische Zeit**" bezeichnet, grenzt sich von „**Bismarck – Ära**" ab.
  → Sturz Bismarcks bedeutete Ende der Einschränkung deutscher Macht.

Fließtextartige Schilderung der wichtigsten Informationen.

Die Bismarck Ära

Grobe Unterteilung in 2 (bzw. 3) Phasen möglich

0. Phase: Basics (bis zur Reichsgründung).

- **Zu Bismarcks Person.**

Ab **1862** bestimmte Bismarck die preußische Politik als Reichskanzler. Als konservativer, treuer Diener des Königs wollte er die Macht Preußens gegenüber Österreich vergrößern, weshalb er sich für einen deutschen Staat unter preußischer Krone einsetzte. Als sog. **Realpolitiker** war ihm jedes Mittel in der Politik recht, er lehnte die Demokratie wegen ihrer „Ineffizienz" ab und griff lieber selbst hart ein. Streitigkeiten im Innern und (gewaltsames) Vorgehen gegen äußere Feinde prägen sein Vorgehen.

- **Die Reichseinigungskriege.**

1864 annektiert *Dänemark* Schleswig und Holstein wegen ungeklärten Verwandtschaftsbeziehungen. *Österreich* und *Preußen* intervenieren und teilen sich die Verwaltung der eroberten Gebiete. Dies führte zu Streitigkeiten, welche **1866** im preußisch-österreichischem Krieg endeten. *Österreich* und seine süd-deutschen Verbündeten unterlagen der modernen Kriegskunst *Preußens* und seiner norddeutschen Allianz. Bismarck setzt sich für einen milden Frieden ein, *Österreich* muss kaum Nachteile erleiden und gibt sein Einverständnis für die Bildung eines deutschen Staates unter *Preußen*. **1870** kommt es zum französisch-preußischem Krieg, welcher von Bismarck provoziert wurde, aber die süd- und nord-deutschen zusammenschweißte.

- **Hintergründe zum Papsttum.**

Der amtierende Papst Pius IX. verfasste **1864** das Syllabus errorum, Verzeichnis der Irrtümer, in welchem er offen liberale Errungenschaften und die Moderne anprangerte. Laut der christlichen Lehre und dem Machtbestrebungen der katholischen Kirche sind Säkularisierung, Laizismus und Selbst-bestimmung abzulehnen. **1870** erobert Italien Rom und der Machtbereich des Papstes beschränkt sich nur noch auf den Vatikan. Deshalb versucht er durch ein Unfehlbarkeitsdogma seine Macht zu stärken.

1. Phase: Nationale Euphorie & Beschwichtigungspolitik.

- **Integraler Nationalismus.**

Bismarck stützte seinen Erfolg und seine politische Karriere auf den Nationalismus der Deutschen. In den Reichseinigungskriegen geschürt konzentriert sich Bismarck als Reichskanzler Deutschlands um den nationalen Zusammenhalt indem er alle störenden Faktoren beseitigen will und Feindbilder zur Versch-leierung (politischer) Missstände erschafft. So wurden die „international-ausgerichteten" Sozialdemo-kraten und die Zentrumspartei öffentlich gebrandmarkt und die Feindschaft zu Frankreich offen gehalten.

- **Moderner Antisemitismus.**

Im deutschen Reich galten die Juden als Vertreter des Kapitalismus und aller damit einhergehenden, negativen Folgen. Wegen ihrer gesellschaftlichen Sonderstellung profitierten sie durch den Besitz von Warenhäusern u.ä. stark von der Industrialisierung. Jedoch fürchteten Kleinunternehmer die neue Kon-kurrenz, der Verfall traditioneller Werte wurde den Juden angelastet sowie der Untergang des alten Mittelstandes. Traditionelle Vorurteile wurden aufgegriffen und weitergeführt, nun gilt die Geburt in einer jüdischen Familie als verurteilenswert, selbst eine Bekehrung schützt nicht mehr vor Übergriffen.

- **Die Reichsverfassung.**

Am Beispiel der Verfassung des norddeutschen Bundes trat die Reichsverfassung am **1. Januar 1871** in Kraft. Im Vergleich zur Paulskirchenverfassung fiel sie zu kurz aus, die Liberalen waren enttäuscht (Fortschrittspartei), aber auch die konservativen Kräfte, welche die Autonomie der einzelnen Einzel-staaten erhalten wollten. Auffallend war die **Timokratie**, also die Übernahme des preußischen **Drei-klassenwahlrechts**. Die Stimme aller drei Klassen (untere, mittlere und obere) wurden gleichberechtigt gewichtet, jedoch war die Besetzung dieser höchst unterschiedlich: So gehörten der unteren Klasse deutlich mehr Bürger an als der oberen. Die Verfassung gewährt Preußen weiterhin eine **Sonderstellung** im deutschen Reich, da es durch ein Vetorecht die gesamte Politik blockieren kann. Letztlich war die Verfassung nicht mehr als ein Kompromiss der Forderungen nach **Einheit**, **Eigenständigkeit** und **Macht**. Die deutschen Eliten stimmten nur zu, in der Hoffnung bald etwas daran ändern zu können.

- **Die Parteien unter Bismarck.**

Unter Bismarck gewannen fünf Parteien eine besondere Bedeutung. Die Deutschkonservativen vertraten die Interessen der preußischen Landbevölkerung und unterstützten Bismarcks Politik bedingungslos. Sie lehnten die modernen Tendenzen in der Gesellschaft ab, den Rechtsstaat, die Vernunft, das Naturrecht und den Parlamentarismus. Die Liberale Partei hatte sich aufgrund der Heeresreform in die National-liberalen und Linksliberalen, auch Fortschrittspartei, gespalten. Die Nationalliberalen gelten als staats-tragend, da sie die Monarchie, Nation und Freiheit stärkten und dennoch kompromissbereit hinter Bis-marck standen. Sie vertreten das Besitz- und Bildungsbürgertum, welches einen modernen Industrie- und Verfassungsstaat fordert. Die Fortschrittspartei dagegen stand für die süddeutschen Staaten ein: Der Ein-fluss Preußens im neuen Deutschland wurde kritisch bewertet, jedoch gab es keinerlei soziale oder wirt-schaftlichen Forderungen. Die Zentrumspartei und die Sozialdemokraten galten als Staatsfeinde und wurden im Kulturkampf bekämpft. Ihre internationale Ausrichtung (Zentrum auf Papst, Sozialdemo-kraten auf kommunistische Internationale) deutete Bismarck als Gefahr für Deutschland. Die Zentrums-partei war interessen- und parteiübergreifend beliebt und setzte sich für verschiedenste Angelegenheiten ein, was ihr solide Wahlergebnisse bescherte. Die Sozialdemokraten versprachen sozialpolitische Ver-änderungen und setzten sich für das Wohl des wachsenden Proletariats ein.

- **Der Kulturkampf gegen die Katholiken.**

Nachdem das Unfehlbarkeitsdogma des Papstes selbst bei einigen (vielen) katholischen Amtsträgern für Empörung gesorgt hatte, forderte der Papst Bismarck auf diese Geistlichen umgehen zu entlassen. Bismarck widersetzte sich aber, da er die deutsche (innere) Einheit von der Macht / Einfluss des Papstes bedroht sah. Internationale Strömungen versuchte er deshalb strikt zu unterbinden. Deshalb wurden die Mitglieder der Zentrumspartei auch als „Ultramontane" verschrien, da ihre Loyalität nicht dem Vaterland sondern beim Papst gesehen wurde. Eine Vielzahl von (diskriminierenden) Gesetzen sollten die Macht-ausbreitung des Katholizismus in Deutschland unterbinden: So wurde am **4. Juli 1872** der als radikaler Vorreiter der Katholiken angesehene Jesuitenorden verboten und am **9. Februar 1875** das Zivilehegesetz verabschiedet. Insgesamt wurden sieben verschiedene Gesetze zur „Bekämpfung" des Katholizismus erlassen. Bald entwickelte sich daraus er grundlegende Streit um die Frage, wer die Macht im Staate zu führen hat. Trotz der massiven Unterdrückung konnte sich die Zentrumspartei steigender Wählerstimmen erfreuen, sodass **1878** der Kulturkampf mit einem Kompromiss endete: Bismarck bekam einen päpst-lichen Orden (und ordnete sich somit der Macht des Papstes unter) und im Gegenzug konnte auf die Unterstützung des Zentrum in politischen Debatten gegen die Liberalen (Fortschrittspartei) zählen.

- **Das Bündnissystem Bismarcks.**

Bismarcks Außenpolitik verfolgte drei einfache Ziele: Die Isolation Frankreichs, die Absicherung Deutschlands im Kriegsfall und die Repräsentation des Status quo. Auf internationalen Konferenzen trat Bismarck als neutraler Mittler auf und distanzierte sich vom Imperialismus. Das Bündnissystem war komplex und wirksam zugleich. Italien (**1882**), Österreich-Ungarn (**1879**) und Russland (**1887**) waren die Hauptpartner. Es handelte sich weniger um militärische als mehr um Beratungsabkommen und Defensivbündnisse. Ein Bündnis mit England wurde angestrebt, jedoch wollte sich dieses nicht in die französisch-deutschen Angelegenheiten einmischen. **1887** verständigen sich Italien, England und Österreich auf ihre Interessen im Mittelmeer, wodurch Deutschland indirekt über dieses Mittelmeer-abkommen mit England verbündet war. Durch die damals übliche Geheimdiplomatie war es Bismarck möglich die Großmächte gegenseitig anzustacheln und auf den Balkan zu fokussieren. Der geheime Rückversicherungsvertrag mit Russland **1887** verstoß gegen die österreichischen Interessen auf den Balkan, weshalb er **1890** gekündigt wurde.

- **Nationalismus als Integrationsmittel.**

Der Nationalismus war im **19. Jahrhundert** weit verbreitet, in Deutschland prägte das Militär die konservative Ausrichtung. Die einst liberalen Ziele wurden vergessen, gesellschaftlich integriert war man, wenn sich der Nationalismus manifestiert hat. Dies geschah u.a. durch regelmäßiges Besuchen der Paraden oder tragen von Uniformen. National sei bedeutet sich der Regierung komplett unterzuordnen, man war stolz auf die Größe und Macht des eigenen Vaterlandes und wollte dies zeigen.

2. Phase: Weltpolitische Spannungen und Ende der Bismarck Ära.

- **Hochimperialismus.**

1872 hält der englische Oppositionelle Disraeli eine Rede, in welcher er alle Minister Englands dazu auffordert das koloniale Empire wieder aufzubauen. Die Furcht vor der deutschen Konkurrenz ließ die internationale Vormachtstellung Englands ins Wanken geraten, sodass diese Rede gut ankam. Die ver-stärkten Auslandseinsätze der Engländer blieben jedoch nicht unbemerkt, sodass andere Nationen ebenfalls begannen Kolonien zu errichten um nicht hinterherhinken zu müssen oder wie Spanien und Portugal zu einer Kolonialmacht zweiten Ranges degradiert zu werden. Traditionell beanspruchte Amerika den südamerikanischen Vorhof und Russland den asiatischen Kontinent, was zu Spannungen führte. Afrika wurde **1882** aufgeteilt, was **1898** zu der Faschoda Krise zwischen England und Frankreich führte. Die kolonialen Gebietsansprüche überlagerten sich, Spannungen wurden nach Europa verlagert und entluden sich in Rüstungsbestrebungen und dem ersten Weltkrieg.

- **Krieg-in-Sicht – Krise.**

Deutschland ist nach der Reichsgründung rasant zur wirtschaftlichen Vormacht in Europa aufgestiegen, was die Nachbarländer fürchten. Wegen dem französisch-deutschen Krieg **1870** gehört Elsass-Lothringen dem deutschen Reich. Als Frankreich **1875** wieder erstarkt, fürchten die Deutschen weitere Konflikte und fordern einen Präventionskrieg solange Frankreich noch geschwächt ist. Das Ausland interveniert und schützt Frankreich, Russland hatte Preußens Erfolge in Europa erst ermöglicht, weshalb Bismarck sich ruhig verhielt. Jedoch standen russische Interessen auf dem Balkan in Konflikt mit Öster-reich und auf dem Mittelmeer mit England; Deutschland konnte sich nicht (offen) an Russland annähern.

- **„Balkan Troubles".**

Der Balkan entfachte ein ungeahntes Spannungspotential, da viele Großmächte und Nationalitäten Interesse daran hatten. Das Osmanische Reich, Österreich-Ungarn und Russland erhoben Besitzan-sprüche, ebenso wie die ansässigen Slawen, besonders die Serben. Bismarck war erpicht das Konflikt-potential offen zu halten um die Großmächte abzulenken und eine freiere Entwicklung Deutschlands zu ermöglichen. **1875 – 1878** begann die sog. Orientkrise mit Aufständen gegen die türkische Besatzung, welche unerwartet niedergeschlagen wurden. Russland als Schutzmacht orthodoxer Christen musste Intervenieren, sich aber auch mit Österreich-Ungarn absprechen. Im Januar **1878** gewann Russland, ließ sich aber dazu verleiten eigene machtpolitische Interessen zu verfolgen. Der Berliner Kongress von **1878** wurde einberufen und Bismarck verteilte die Gebiete im Balkan und Mittelmeer geschickt an alle Groß-mächte, sodass neue Konflikte absehbar waren. Russland fühlte sich von Deutschland hintergangen und die deutsch-russischen Beziehungen verschlechterten sich. **1885** brach der bulgarisch-serbische Krieg aus, welchem sich Österreich-Ungarn ohne Rücksprache mit Russland anschloss. Bismarck setzte dem – aus russischer Sicht – zu wenig Konsequenzen entgegen, sodass sich Russland vernachlässigt fühlte.

- **Die Soziale Frage & das Sozialistengesetz.**

1871 – 1873 durchzog eine Streikwelle das deutsche Reich, da das Wohl der Arbeiter ausbaufähig war. Diesem Ziel haben sich die Sozialdemokraten und Gewerkschaften verschrieben, welche international ausgerichtet und von Marx beeinflusst waren. Bismarck fürchtete um die innere Stabilität und wirtschaft-liche Sicherheit, weshalb er entschlossen gegen die Sozialdemokratie vorging. In einer Reichstagsrede vom **24. April 1873** rief er alle Patrioten dazu auf die Gefahr der Sozialdemokraten zu unterbinden, weil diese wissentlich oder unwissentlich gegen den Staat vorgehen (= Integraler Nationalismus). Doch für die Verabschiedung des „Sozialistengesetzes" fehlte ihm die Mehrheit der Reichstagsmitglieder. Mit Ende des Kulturkampfes und einem Attentat auf den Kaiser erhielt er die Mehrheit und ab dem **19. Oktober 1878** wurden sozialdemokratische Vereine aufgelöst, Versammlungen unterbunden und Mit-glieder verhaftet. Es war sogar möglich ganze Bezirke und Städte in eine Art Belagerungszustand zu versetzen und in eine Sphäre stark eingeschränkter (Grund-)Rechte einzusperren. Dennoch durfte sich die SPD als Partei aufstellen und durch den Kontakt im gleichen Milieu (Arbeiterkneipen, Arbeiter-wohnheime) stiegen die Wahlergebnisse stark an.

- **Sozialpolitik Bismarcks.**

Durch das „Scheitern" des Kulturkampfes hatte Bismarck seine Strategie zum Bekämpfen innerer Feinde geändert: Um die Sozialdemokratie endgültig zu vertreiben, müsse er ihr nur den Nährboden entziehen. **1883** erlässt er die staatliche Krankenversicherung, **1884** die Unfallversicherung und nach einem Berg-arbeiterstreik **1889** die Invaliditäts- und Rentenversicherung. Mit dieser staatlichen Absicherung der Arbeiter wollte er die Sympathie im Volk gewinnen und obwohl es zukunftsweisend war, erkannten die Zeitgenossen das Verbesserungspotential: Eine festgelegte Beitragsfrist erwies sich als starke Hürde, die Rente konnte erst mit 70 Jahren beansprucht werden (so alt wurde kein Arbeiter) und die Löhne waren zu gering um die Beiträge zahlen zu können. Dennoch ist dieses Erbe Bismarcks bis heute gültig.

- **Deutscher Imperialismus.**

Auf dem Druck des Volkes durch Gründungen von Kolonialverbänden oder Erwerbungen einzelner Unternehmer sah sich Bismarck gezwungen am **27. April 1884** den Besitz des Kaufmanns Lüderitz zu verstaatlichen. Im **Juli** dieses Jahres folgte Togo und Kamerun. Bismarck strebte aber ein informelles Handelsempire nach englischem Vorbild an, damit staatliche Interventionen möglichst gering blieben. Auch das Ablenken innenpolitischer Probleme war eine Ursache für den Einstieg Deutschlands ins koloniale Wettrennen. Das koloniale Schutzbriefsystem musste jedoch verfallen, da das Kapital der Banken und die private Initiative nicht so hoch war wie erwartet. Im **März 1885** entbrach eine Debatte im Reichstag über den deutschen Kolonialismus. Die SPD fordert Konzentration auf Inland, Absatz-märkte sind ausbaufähig, Soziale Frage lässt sich nicht exportieren. Das Zentrum dagegen sah keinen wirtschaftlichen Nutzen in kolonialen Erwerbungen und fürchtete internationale Konflikte. Private Kolonisatoren wie Carl Peters treffen eher den Zeitgeist, wenn sie von der Rückständigkeit Deutschlands im Bezug auf die Größe des Imperiums sprechen und deutschen Auswanderern deutsche Ländereien anbieten. Auch wird die Abhängigkeit vom Ausland betont, welche man durch eigene Kolonien abschwächen könnte.